*18 février 1884*

P

# COLLECTION DE M. M...

# TABLEAUX MODERNES

PAR

CHAPLIN, CHASSERIAU, COROT
DAUBIGNY, DIAZ, GUDIN, INGRES, J.-L. BROWN
ZIEM, ETC.

Très beau Dessin par INGRES

## VENTE HOTEL DROUOT. SALLE N° 8

### Le Lundi 18 Février 1884

A DEUX HEURES

## EXPOSITIONS

| PARTICULIÈRE | PUBLIQUE |
|---|---|
| Le Samedi 16 Février | Le Dimanche 17 Février |

DE UNE HEURE A CINQ HEURES

| M<sup>e</sup> ESCRIBE | MM HARO ✳ ET FILS |
|---|---|
| COMMISSAIRE-PRISEUR | PEINTRES-EXPERTS |
| 6, rue de Hanovre | 14, rue Visconti et 20, rue Bonaparte |

1884

# CATALOGUE

DES

# TABLEAUX MODERNES

COMPOSANT LA

## COLLECTION DE M. M...

DONT LA VENTE AURA LIEU

## HOTEL DROUOT, SALLE N° 8

### Le Lundi 18 Février 1884

A DEUX HEURES

---

## EXPOSITIONS

| PARTICULIÈRE | PUBLIQUE |
|---|---|
| Le Samedi 16 Février | Le Dimanche 17 Février |

DE UNE HEURE A CINQ HEURES

---

| M<sup>e</sup> ESCRIBE | MM. HARO ✳ ET FILS |
|---|---|
| COMMISSAIRE-PRISEUR | PEINTRES-EXPERTS |
| 6, rue de Hanovre | 14, rue Visconti, et 20, rue Bonaparte |

## 1884

## CE CATALOGUE SE DISTRIBUE

A PARIS, CHEZ

| Mᵉ ESCRIBE | MM. HARO ✽ ET FILS |
|---|---|
| COMMISSAIRE-PRISEUR | PEINTRES-EXPERTS |
| 6, rue de Hanovre | 14. rue Visconti, et 20, rue Bonaparte |

## CONDITIONS DE LA VENTE

Elle sera faite au comptant.

Les acquéreurs paieront *cinq pour cent* en plus du prix d'adjudication.

# TABLEAUX MODERNES

# DÉSIGNATION

---×---

## TABLEAUX MODERNES

---

BENASSET

1 — Cuirassiers.

Signé à droite.

B. — H. 0,33. L. 0,26.

# BOULANGER (G.)

## 2 — Intérieur romain.

Signé à droite et daté 1877.

T. — H. 0,26. L. 0,40.

## BREST

## 3 — Marine. Vue d'Orient.

Signé à gauche.

T. — H. 0,35. L. 0,60.

## BREST

## 4 — Vue prise à Constantinople.

Signé à droite.

T. — H. 0,23. L. 0,31.

## BROWN (John-Lewis)

5 — Personnages Louis XV dans un parc.

Signé à droite et daté 1877.

B. — H. 0,45. L. 0,55.


## BROWN (John-Lewis)

6 — La Chaise à porteurs.

Pendant du précédent.
Signé à droite et daté 1876.

B. — H. 0,45. L. 0,55.


## BROWN (John-Lewis)

7 — La Halte. Paysage avec figures.

Signé à gauche.

T. — H. 0,27. L. 0,22.

## BROWN (JOHN-LEWIS)

### 8 — Le Passage du gué.

Signé à gauche.

B. — H. 0,35. L. 0,31.

## BROWN (JOHN-LEWIS)

### 9 — Cavaliers Louis XV.

Signé à gauche et daté 1878.

B. — H. 0,20. L. 0,23.

## CHAPLIN

### 10 — La Coquetterie.

Signé à droite.

T. — H. 0,46. L. 0,29.

## CHAPLIN

**11 — Innocence perdue.**

Pendant du précédent.
Signé à droite.

T. — H. 0,46. L. 0,29.


## CHAPLIN

**12 — La Ménagère.**

Signé à gauche.

T. — H. 0,18. L. 0,15.


## CHASSÉRIAU (Th.)

**13 — La Toilette d'Esther.**

Signé à droite et daté 1841.

T. — H. 0,46. L. 0,38.

1.

## CHATAUD (A.)

**14 — La Kasbah.**

Signé à gauche.

T. — H. 0,40. L. 0,27.

## COROT

**15 — La Bourrasque.**

Signé à gauche.

T. — H. 0,60. L. 0,80.

## COROT

**16 — Paysage, étude d'après nature. Vue prise en Artois.**

Signé à gauche.

T. — H. 0,21. L. 0,35.

# COROT

17 — Paysage d'Italie.

Vente Corot.

T. — H. 0,34. L. 0,45.


# DAUBIGNY

18 — Bords de la Seine. Effet de soleil cou-
chant.

Signé à droite et daté 1874.

B. — H. 0,38. L. 0,66.


# DAUBIGNY

19 — Paysage. Effet de nuit.

Signé à gauche et daté 1872.

T. — H. 0,44. L. 0,82 .

## DIAZ (N.)

**20 — Faust et Marguerite au jardin.**

Exposition de l'École des Beaux-Arts en mai 1877, n° 32.
Peinture à l'essence.
Signé à droite et daté 1865.

H. 0,39. L. 0,29.

## DIAZ (N.)

**21 — Apparition de Marguerite à Faust.**

Exposition de l'École des Beaux-Arts en mai 1877, n° 33.
Peinture à l'essence.
Signé à gauche et daté 1865.

H. 0,30. L. 0,37.

## GEGERFELT (W.)

**22 — Vue prise à Dinard.**

Signé à droite et daté 1876.

T. — H. 0,48. L. 0,74.

## GEGERFELT (W.)

23 — Le Moulin hollandais.

Signé à gauche et daté 1877.

T. — H. 0,51. L. 0,63.

## GUDIN

24 — Marine. Vue prise à Constantinople.

Signé à droite et daté 1851.

T. — H. 0,75. L. 1,20

## GUINDON

25 — Berger et son troupeau.

T. — H. 0,26. L. 0,34.

# GROSEILLEZ (N. DE)

**26 — Le Soir. Paysage.**

Signé à gauche.

T. — H. 0,26. L. 0,34.


# HUGUET

**27 — Halte de spahis.**

Signé à gauche.

T. — H. 0,45. L. 0,55.


# INGRES

**28 — L'Arétin.**

Ce poète, par ses écrits satiriques, était arrivé à se faire craindre de tous les souverains de l'Europe ; on l'avait surnommé le Fléau des rois.

Charles-Quint, après une expédition malheureuse devant Alger, voulut acheter son silence en lui envoyant une chaîne d'or. L'Arétin eut l'insolence de répondre à son envoyé : « C'est un bien petit cadeau pour une si grande sottise. »

Signé à droite et daté 1848.

T. — H. 0,42. L. 0,36

# INGRES

**29 — La Famille Forestier.**

Dessin à la mine de plomb.
Signé à gauche, Ingres, 1804.
En bas, au milieu : Famille de M. Forestier,
ancien juge de Saint-Nicolas, à Paris.

« Un jour, dit Ch. Blanc, que j'étais chez
M. Ingres à regarder avec lui les peintures, des-
sins et aquarelles dont il avait tapissé son appar-
tement, il me montra ce crayon merveilleux, qui
représente la famille Forestier, groupée dans un
petit salon bourgeois : le père, nu tête, avec sa
tabatière à la main ; la mère en tenue, une jeune
fille à son clavecin et un visiteur. Je m'écriai
dans le ravissement : — Vous aviez deviné la photographie trente ans avant qu'il y eût des photo-
graphes. Le maître comprit parfaitement ce que
voulait dire ici le mot photographie, qui signifiait
seulement une vérité criante ; il me répondit :
— Ce dessin que vous admirez, je l'ai trouvé tout
fait dans la nature ; je n'y ai rien changé. »

*J'ai vu ce dessin chez M. Ingres, mon maître,
pendant plus de trente ans ; il en existe un autre
dans la collection léguée au Louvre par la
famille Hauguet. (Note de l'Expert.)*

—

## LA ROCHENOIRE (DE)

30 — Vaches au pâturage.

T. — H. 0,67. L. 1,01.

## LA ROCHENOIRE (DE)

31 — La Mare.

T. — H. 0,41. L. 0,43.

## LA ROCHENOIRE (DE)

32 — Naïade.

Signé à droite.

T. — H. 0,65. L. 0,53.

## LAUNAY (E. DE)

33 — Idylle.

Signé à gauche.

B. — H. 0,30. L. 0,21

## RAPIN (A.)

34 — Paysage.

Signé à gauche.

T. — H. 1.80. L. 1,60.

## REYNAUD (F.)

35 — Vue prise à San Remo.

Signé et daté 1877.

T. — H. 0,68. L. 0,46.

## RÉYNAUD (F.)

36 — Italienne à la fontaine.

T. — H. 0,70. L. 0,42.

## TROYON

37 — Le Moulin. Paysage avec figures.

Signé à gauche.

B. — H. 0,40. L. 0,48.

## VERBOECKHOVEN

38 — Le Taureau.

Signé à droite et daté 1844.

B. — H. 0,19. L. 0,17.

## ZIEM

39 — Le Bosphore. Vue prise dans les pins du
fort de Mahmoud.

Signé à gauche.

T. — H. 0,82. L. 1,16.


40 — Sous ce numéro les tableaux non cata-
logués.

BOURLOTON. — Imprimeries réunies, A, rue Mignon, 2, Paris.